总　策　划　　许　琳

总　监　制　　夏建辉　戚德祥

监　　　制　　张　健　张彤辉　顾　蕾　刘根芹

编　　　著　　刘富华　王　巍　周　芳　李冬梅

修 订 主 编　　张　健

修 订 副 主 编　　王亚莉

修 订 成 员　　徐　雁　秦　静　王墨妍

中 文 编 辑　　徐　雁

英 语 编 辑　　孙玉婷

英 语 审 订　　余心乐

孔子学院总部/国家汉办　"十二五"国家重点出版物出版规划项目
Confucius Institute Headquarters(Hanban)

CHINESE PARADISE

汉语乐园
英语版

编　著：刘富华　王　巍　周　芳　李冬梅
修订主编：张　健

第2版　2ND EDITION

练习册 Workbook **2**

北京语言大学出版社
BEIJING LANGUAGE AND CULTURE
UNIVERSITY PRESS

图书在版编目(CIP)数据

汉语乐园练习册：英语版. 2 / 刘富华等编著. ——
2版. —— 北京：北京语言大学出版社, 2014.6（2015.2重印）
　ISBN 978-7-5619-3823-2

　Ⅰ.①汉… Ⅱ.①刘… Ⅲ.①汉语 – 对外汉语教学 –
习题集 Ⅳ.①H195.4

中国版本图书馆CIP数据核字(2014)第111466号

汉语乐园（第2版）（英语版）练习册 2
HANYU LEYUAN（DI 2 BAN）（YINGYU BAN）LIANXICE 2

责任印制：姜正周

出版发行：**北京语言大学出版社**

社　　址：北京市海淀区学院路15号　邮政编码：100083
网　　址：www.blcup.com
电　　话：编辑部　8610-8230 3647/3592/3395
　　　　　国内发行　8610-8230 3650/3591/3648
　　　　　海外发行　8610-8230 0309/3365/3080
　　　　　读者服务部　8610-8230 3653
　　　　　网上订购电话　8610-8230 3908
　　　　　客户服务信箱　service@blcup.com
印　　刷：北京联兴盛业印刷有限公司
经　　销：全国新华书店

版　　次：2014年6月第2版　2015年3月第2次印刷
开　　本：889毫米×1194毫米　1/16　印张：4.5
字　　数：30千字
书　　号：ISBN 978-7-5619-3823-2/H·14082
　　　　　05500

凡有印装质量问题，本社负责调换。电话：8610-8230 3590
Printed in China

Introduction

This is Workbook 2 of *Chinese Paradise* (2nd Edition), to be used together with Textbook 2. There are 12 lessons altogether, each of which includes 6-8 exercises. The exercises in each lesson are divided into four sections: *pinyin*, Chinese characters, vocabulary and dialogs, which are presented with novel and lively illustrations and are designed to be carried out through a variety of enjoyable and useful learning activities, such as placing stickers, coloring characters, matching exercises, maze tasks, etc. In addition, relevant handicraft activities are included. Sticker pages are provided at the end of this Workbook.

In view of the difficulties that beginners may encounter in writing Chinese characters, students are not required to complete the exercises using Chinese characters. They may use *pinyin* in all the exercises except the part for them to practice writing Chinese characters.

A CD accompanying the book provides materials for the listening exercises marked with a CD sign in each lesson.

The compilers

目录 CONTENTS

UNIT 1　NATIONALITIES AND CITIES

UNIT 2　TIME AND DATE

UNIT 3　LOCATIONS

UNIT 4 OCCUPATIONS

UNIT 5 ANIMALS AND NATURE

UNIT 6 COLORS AND CLOTHING

Nǐ shì nǎ guó rén
你是哪国人

1. Look, color and read.

2. Read, color, trace and write.

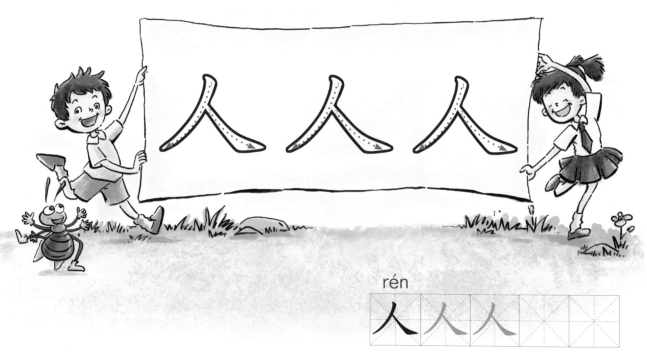

rén

人 人 人

zhōng

中 中 中

3. Listen, find the flags, and stick them onto the right places. 🔘 *01-1*

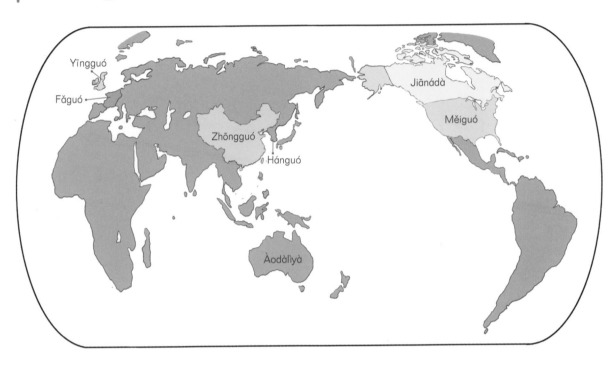

4. Jigsaw Puzzle: Piece together the world map.

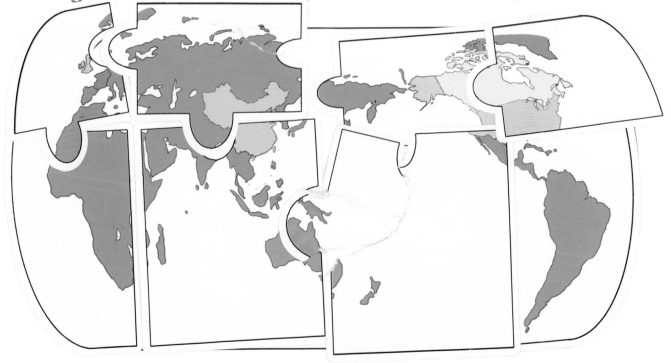

5. Look and answer.

 Tā shì nǎ guó rén?
他是哪国人?

Tā shì
他是＿＿＿＿＿＿。

Tā shì nǎ guó rén?
她是哪国人?

Tā shì
她是＿＿＿＿＿＿。

 Tā shì nǎ guó rén?
她是哪国人?

 Tā shì
她是＿＿＿＿＿＿。

 Tā shì nǎ guó rén?
他是哪国人?

 Tā shì
他是＿＿＿＿＿＿。

5

6. Listen and write down the sequence numbers. 🔊*01-2*

7. Look and choose the right position for each word given.

Wǒ cóng Běijīng lái
我 从 北京来

1. Listen, match and read. 02-1

2. Read, color, trace and write.

cóng

从 从 从

3. Look and match.

| Xīní | Bālí | Niǔyuē | Běijīng |

| 纽约 | 北京 | 巴黎 | 悉尼 |

4. Circle "北京".

我	小	大	高	从	矮	眼	子	六	人	头	个	三	二	九
一	四	三	小	人	个	小	头	眼	从	大	高	从	七	五
小	子	六	个	四	个	高	头	眼	八	六	七	子	九	人
九	四	小	人	七	北	京	北	京	北	京	北	京	北	京
高	子	矮	眼	北	人	子	从	六	三	一	头	眼	人	高
人	我	北	京	眼	小	四	字	我	大	三	六	小	矮	高
眼	从	人	北	四	七	眼	小	高	子	北	京	子	矮	眼
个	三	二	京	九	小	我	头	子	眼	京	四	三	小	人
八	京	北	六	七	五	我	头	子	眼	一	人	头	眼	从
五	八	我	京	小	子	矮	六	个	人	头	从	高	二	一
北	京	北	京	矮	六	三	小	子	头	眼	头	七	六	八
北	高	从	矮	眼	子	六	人	头	个	三	北	京	北	京
北	眼	四	五	北	小	我	京	北	子	个	高	从	我	七
北	从	北	京	京	七	五	八	我	小	子	矮	小	六	个
北	从	高	七	高	大	八	我	子	矮	六	四	三	个	子

5. Match and read.

6. Listen and stick. 📀02-2

7. Draw and introduce yourself.

My Portrait

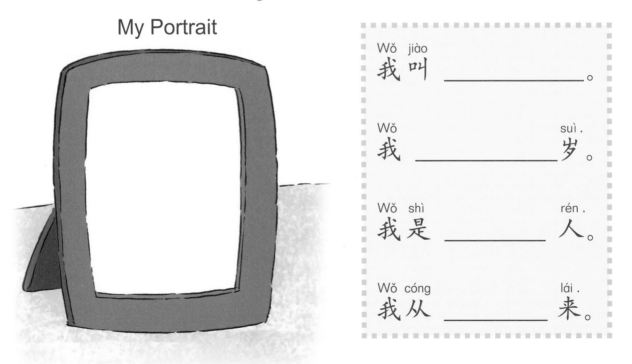

Wǒ jiào
我 叫 _____。

Wǒ   suì .
我 _____ 岁。

Wǒ shì   rén .
我 是 _____ 人。

Wǒ cóng   lái .
我 从 _____ 来。

Xiànzài jǐ diǎn
现在几点

1. Look, write and say.

liù diǎn
六点

2. Read, stick, trace and write.

jǐ

几 几 几

3. Look and match.

sān diǎn	shí diǎn	èrshíyī diǎn	shí'èr diǎn	liǎng diǎn	shíbā diǎn	shíyī diǎn
三点	十点	二十一点	十二点	两点	十八点	十一点

4. Look, draw and say.

Xiànzài sì diǎn shíwǔ fēn.
现在四点十五分。

Xiànzài wǔ diǎn bàn.
现在五点半。

Xiànzài jiǔ diǎn.
现在九点。

Xiànzài shíyī diǎn bàn.
现在十一点半。

5. Look and write.

My Timetable

6. Listen and number the pictures. 03-1

7. Complete the dialogs.

1

2

3

Jīntiān jǐ yuè jǐ hào

今天几月几号

1. Number the *pinyin* to make a sentence, write the sentence down, and read it aloud.

xīng

zuó

jǐ

tiān

qī

---

2. Read, color, trace and write.

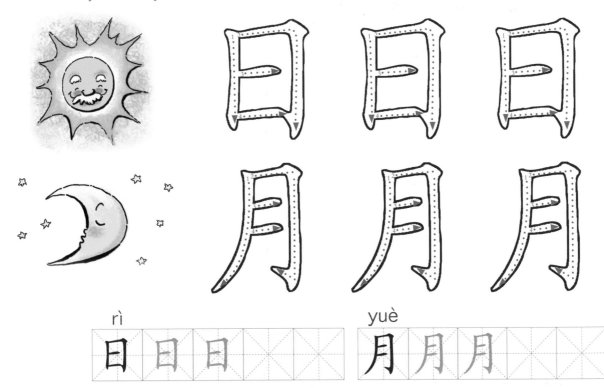

rì

日 日 日

yuè

月 月 月

17

3. Look, circle the dates, and fill in the blanks.

bāyuè   èr hào
八月二号
xīngqī
星期 _____

bāyuè   qī hào
八月七号
xīngqī
星期 _____

bāyuè   shí'èr hào
八月十二号
xīngqī
星期 _____

bāyuè   èrshí hào
八月二十号
xīngqī
星期 _____

4. Find the time and date in the picture, and complete the dialog.

5. Listen and read. 📀 *04-1*

6. Listen and write. 📀 *04-2*

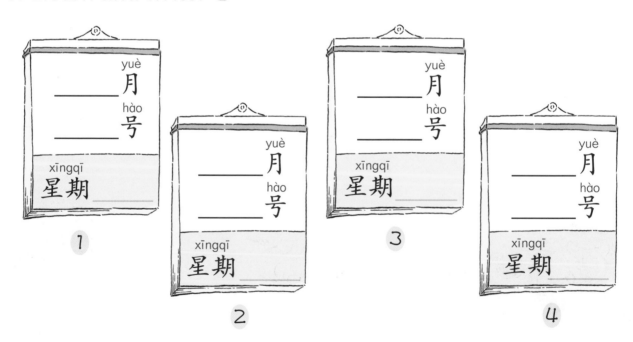

7. Answer the questions.

Jīntiān jǐ yuè jǐ hào?
今天几月几号?

Xīngqī jǐ?
星期几?

Zuótiān jǐ yuè jǐ hào?
昨天几月几号?

Xīngqī jǐ?
星期几?

Míngtiān jǐ yuè jǐ hào?
明天几月几号?

Xīngqī jǐ?
星期几?

Nǐ qù xuéxiào ma
你去学校吗

1. Listen, write, match and read. 🔵 05-1

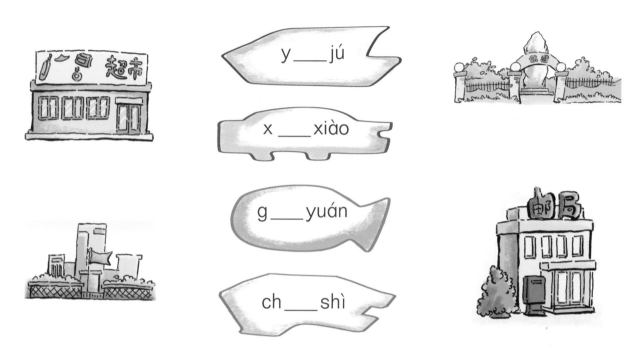

y ___ jú

x ___ xiào

g ___ yuán

ch ___ shì

2. Read, stick, trace and write.

bù

不　不　不　✕　✕

3. Look, match and read.

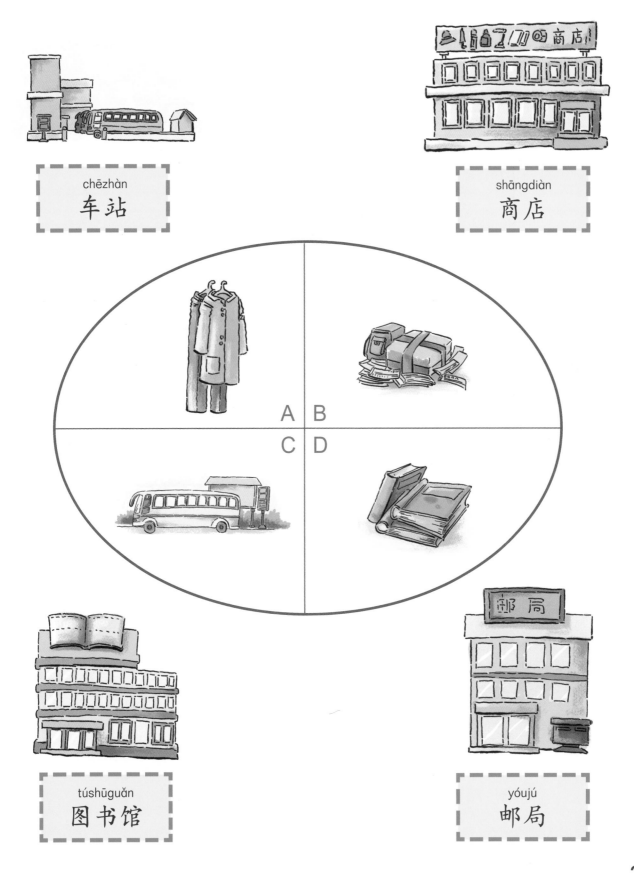

chēzhàn
车站

shāngdiàn
商店

A	B
C	D

túshūguǎn
图书馆

yóujú
邮局

4. Look at the maze, find the routes, and say complete sentences.

Fāngfang qù

方方去＿＿＿＿＿＿＿＿＿。

5. Ask questions with "吗" and answer with "不".

ma

A. 吗

bù

B. 不

Wǒ qù xuéxiào.

例：我去学校。

Nǐ qù xuéxiào ma?

你去学校吗?

Wǒ bú qù.

我不去。

Wǒ qù gōngyuán.

(1) 我去公园。

Míngming qù chāoshì .

(2) 明明去超市。

Māma   qù shāngdiàn .

(3) 妈妈去商店。

Wǒmen   qù chēzhàn .

(4) 我们去车站。

6. Listen and stick. 05-2

7. Look, choose, and complete the dialog.

Nǐ hǎo. **A.** 你好。	Wǒ bú qù. **B.** 我不去。
Zàijiàn. **C.** 再见。	Wǒ qù yóujú. **D.** 我去邮局。

1

Nǐmen hǎo.
你们好。

2

Nǐmen qù nǎr?
你们去哪儿?

Wǒmen qù chāoshì.
我们去超市。

3

Nǐ qù chāoshì ma?
你去超市吗?

4

Zàijiàn.
再见。

1. Listen, number the *pinyin*, and match them with the English. 📀 06-1

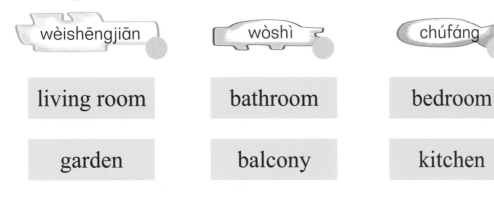

wèishēngjiān

wòshì

chúfáng

| living room | bathroom | bedroom |
| garden | balcony | kitchen |

kètīng

huāyuán

yángtái

2. Read, color, trace and write.

shū

书　书　书

3. Look and match.

 阳
 客
 花
 厨
 卧

 室
 园
 厅
 台
 房

balcony　　bedroom　　garden　　kitchen　　living room

4. Find the picture of the same room and answer the question.

Zhè shì   nǎr ?

这是哪儿?

Zhè shì

这是 _____ 。

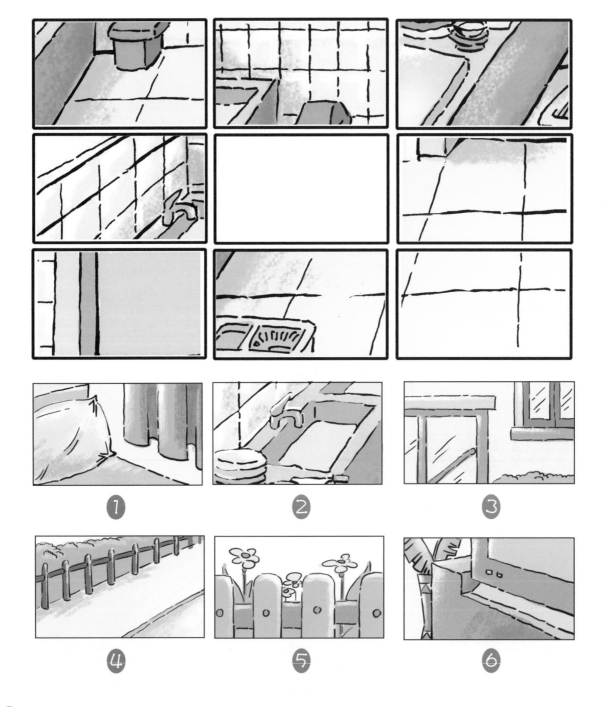

① ② ③

④ ⑤ ⑥

5. Find the three ants and report where they are.

Dīdi

Dāda

Dūdu

Tāmen   zài nǎr ?
他们 (they) 在哪儿？

6. Listen and number the pictures. 06-2

7. Look and answer.

Míngming zài   nǎr ?
① 明明 在 哪儿?

_____

Xiǎolóng zài   nǎr ?
② 小龙 在 哪儿?

_____

Fāngfang zài   nǎr ?
③ 方方 在 哪儿?

_____

Nánxī zài   nǎr ?
④ 南希 在 哪儿?

_____

Jiékè zài   nǎr ?
⑤ 杰克 在 哪儿?

_____

Ānni zài   nǎr ?
⑥ 安妮 在 哪儿?

_____

8. Find the routes and write the sentences.

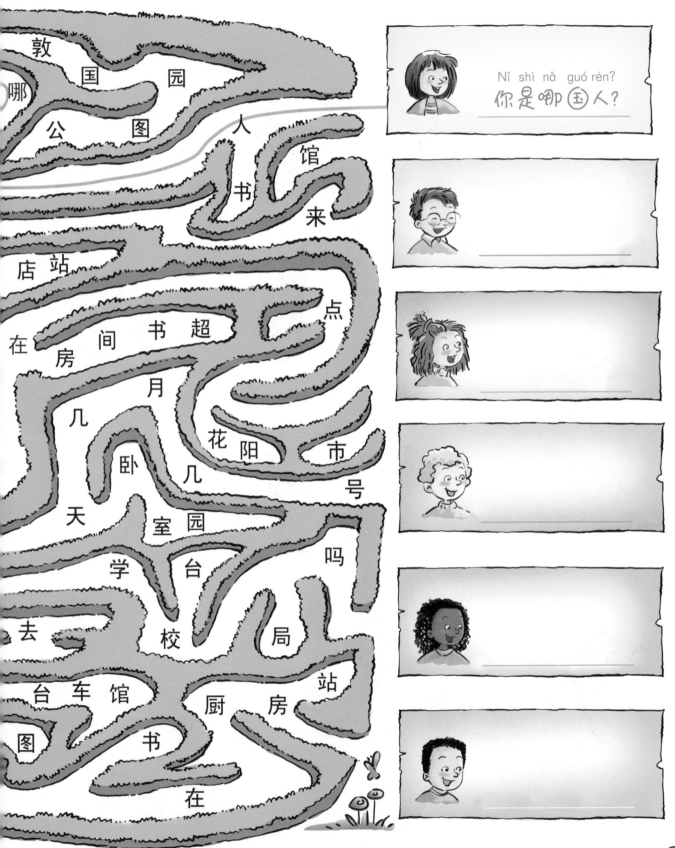

Nǐ shì nǎ guó rén?
你是哪国人？

UNIT 4
Lesson 7

Wǒ bàba shì yīshēng
我爸爸是医生

1. Look, match and read.

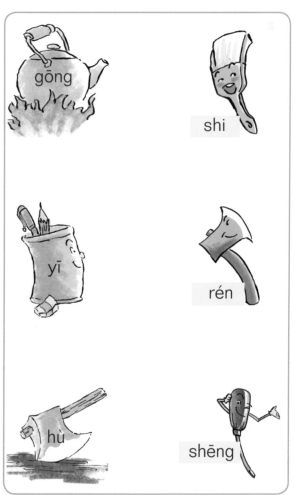

gōng

shi

yī

rén

hù

shēng

sī

mín

nóng

chá

jǐng

jī

2. Read, color, trace and write.

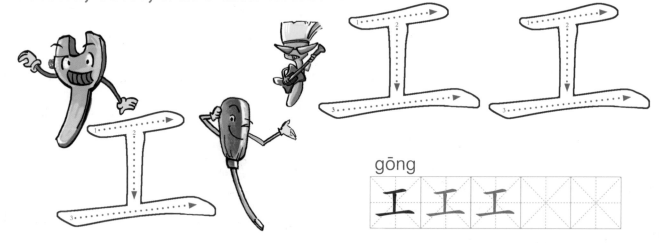

gōng

工 工 工

34

3. Listen and stick. 07-1

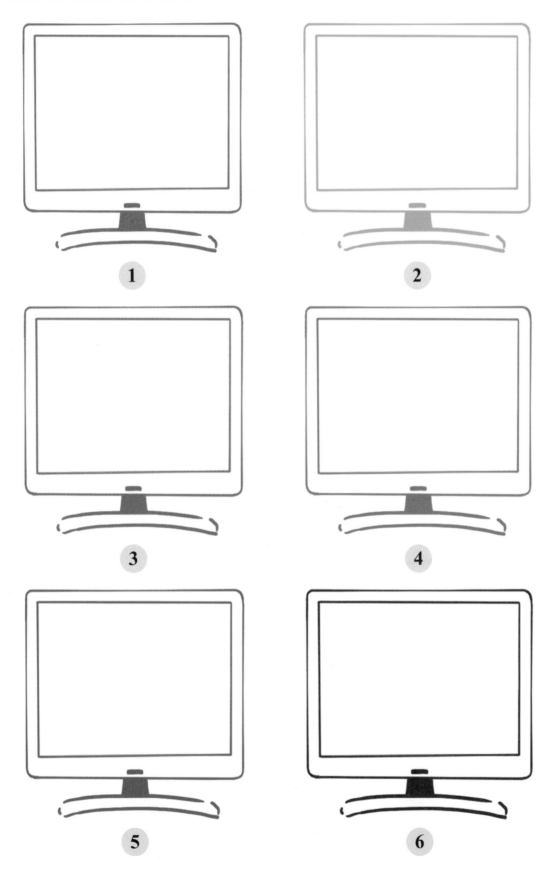

4. Look and match.

yīshēng

gōngrén

sījī

jǐngchá

nóngmín

chúshī

厨师

农民

警察

司机

工人

医生

5. Find the route and write the sentence.

6. Make two sentences with the given words.

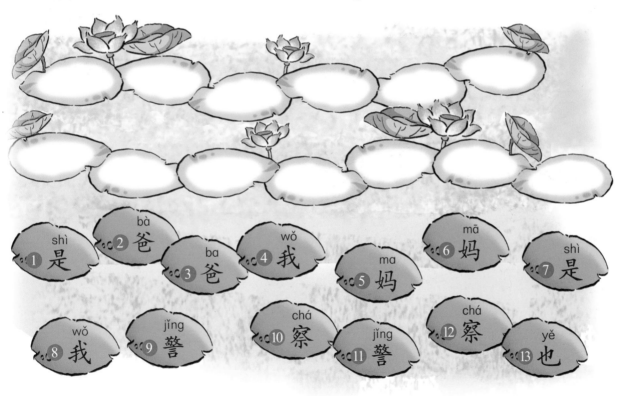

7. Complete the dialogs with "也".

Wǒ bàba shì gōngrén.
我爸爸是工人。

Wǒ bàba yě shì gōngrén.
我爸爸 也 是工人。

Wǒ shì Fǎguó rén.
我是法国人。

yě
也 _____。

Wǒ jiào Míngming.
我叫明明。

yě
也 _____。

 ： Wǒ qù xuéxiào .
我去学校。

 ： ___ yě 也 _____ 。

 ： Wǒ chī mǐfàn .
我吃米饭。

 ： ___ yě 也 _____ 。

 ： Wǒ hē niúnǎi .
我喝牛奶。

 ： ___ yě 也 _____ 。

Wǒ xiǎng dāng yīnyuèjiā

我 想 当 音 乐 家

1. Listen, number the *pinyin* in each group, and match them with the people. 🔵08-1

2. Read, color, trace and write.

yuè

| 乐 | 乐 | 乐 | | |

3. Look and match.

4. Mark the route of boys holding the same ball and write the missing *pinyin*.

ENTRANCE

EXIT _____ yuán

5. Fill in the blanks with the given words and read the sentences.

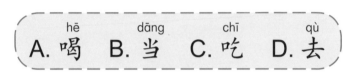

A. 喝 hē B. 当 dāng C. 吃 chī D. 去 qù

wǒ xiǎng
我想……

Wǒ xiǎng   gōngyuán .
❶ 我想 _____ 公园。

Wǒ xiǎng   jiǎozi .
❷ 我想 _____ 饺子。

Wǒ xiǎng   guǒzhī .
❸ 我想 _____ 果汁。

Wǒ xiǎng   huàjiā .
❹ 我想 _____ 画家。

6. Listen and stick. 08-2

7. Look, choose the right position for each word given, and read the sentences.

❶ A　wǒ 我　B　xiǎng 想　C　dāng 当　D　　huàjiā 画家

❷ A　xiǎng 想　B　dāng 当　C　zuòjiā 作家　D　　tā 他

❸ A　wǒ 我　B　dāng 当　C　kēxuéjiā 科学家　D　　xiǎng 想

❹ A　wǒ 我　B　xiǎng 想　C　yǎnyuán 演员　D　　dāng 当

Nǐ xǐhuan shénme dòngwù
你喜欢 什么 动物

1. Look, match and read.

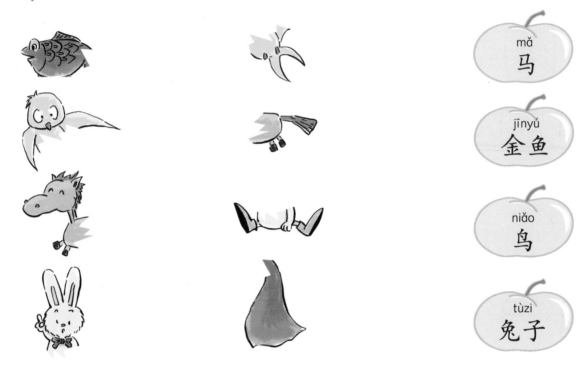

| mǎ |
| 马 |

| jīnyú |
| 金鱼 |

| niǎo |
| 鸟 |

| tùzi |
| 兔子 |

2. Read, color, trace and write.

mǎ

| 马 | 马 | 马 | | |

3. Color the animals, and match them with their names and homes.

gǒu
狗

māo
猫

tùzi
兔子

niǎo
鸟

jīnyú
金鱼

mǎ
马

4. Listen, number the sentences, and read them. 09-1

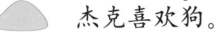
Fāngfang xǐhuan māo.
方方喜欢猫。

Jiékè xǐhuan gǒu.
杰克喜欢狗。

Xiǎolóng xǐhuan mǎ.
小龙喜欢马。

Ānni xǐhuan tùzi.
安妮喜欢兔子。

Nánxī xǐhuan niǎo.
南希喜欢鸟。

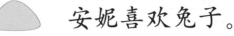

47

5. Look and answer.

Zhè shì shénme dòngwù?
这是什么动物？

Zhè shì gǒu.
这是狗。

6. Listen and stick. 🔘09-2

7. Look, draw and talk.

Nǐ xǐhuan shénme dòngwù?
你喜欢什么动物?

1. Listen, choose and write. 💿 10-1

1 sh _ _

    A. ān   B. án

    C. ǎn   D. àn

2 h _ _

    A. uā   B. uá

    C. uǎ   D. uà

3 h _

    A. ē   B. é

    C. ě   D. è

4 c _ _

    A. āo   B. áo

    C. ǎo   D. ào

5 sh _

    A. ū   B. ú

    C. ǔ   D. ù

2. Read, stick, trace and write.

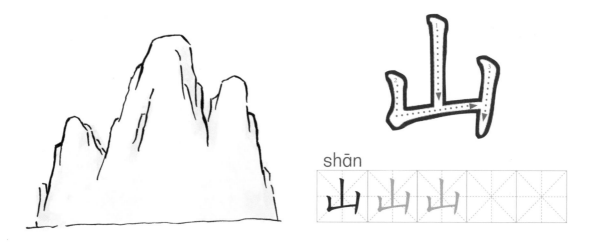

shān

3. Add the missing stroke to each character.

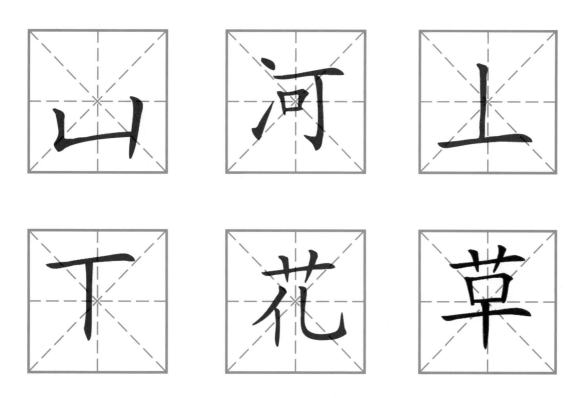

4. Flip a coin to choose an animal, and say its name.

5. Listen and stick. 10-2

6. Look, draw and say.

Shān shang yǒu xióngmāo.
山 上 有 熊猫。

Shān xià yǒu shù.
山 下 有 树。

Shù shang yǒu niǎo.
树 上 有 鸟。

Shù xià yǒu mǎ.
树 下 有 马。

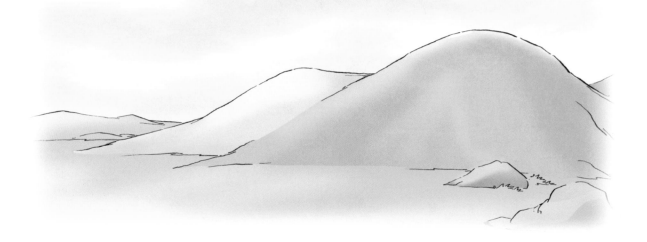

7. Look and answer.

Shān shang yǒu shénme ?
山 上 有什么？

Shān shang yǒu
山 上 有 _____ 。

Shān xià yǒu shénme ?
山下有什么？

Shān xià yǒu
山下有 _____ 。

1. Write the *pinyin* you hear in the right positions.  *11-1*

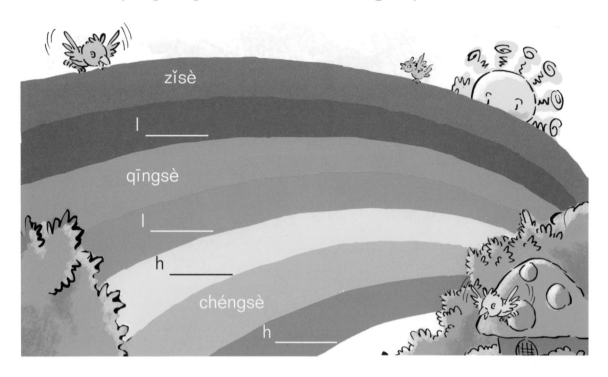

zǐsè

l _____

qīngsè

l _____

h _____

chéngsè

h _____

2. Read, color, trace and write.

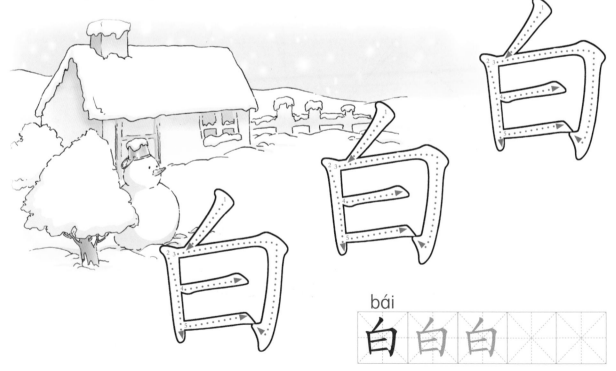

bái

白	白	白		

55

3. Look and match.

lánsè

lǜsè

báisè

蓝色

棕色

hēisè

huángsè

绿色

黑色

红色

zōngsè

hóngsè

白色

黄色

4. Listen and color the pinwheel. 🌀 11-2

5. Look and tick the right picture.

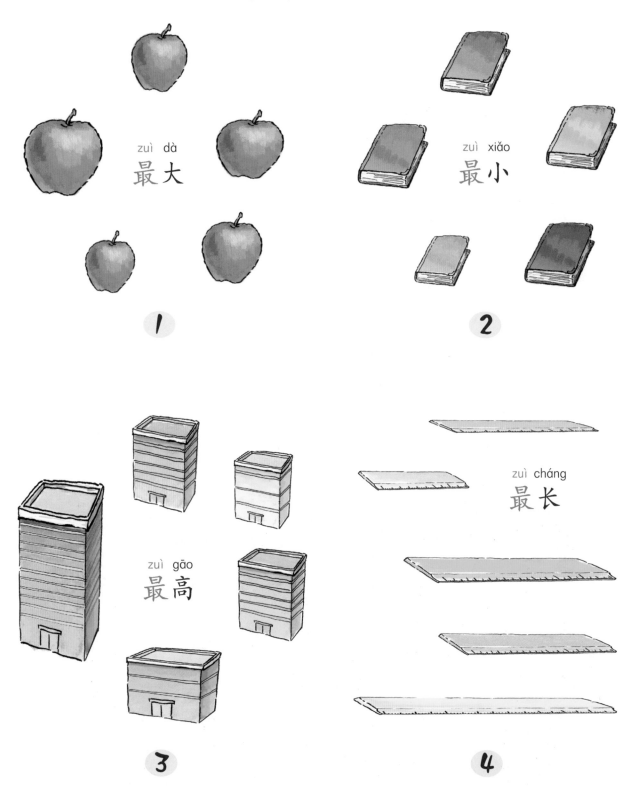

zuì dà
最大

1

zuì xiǎo
最小

2

zuì gāo
最高

3

zuì cháng
最长

4

6. Look, write and say.

hǎokàn
好看

zuì hǎokàn
最好看

Shénme yánsè zuì hǎokàn?
什么颜色最好看?

hǎokàn
好看

zuì hǎokàn
最好看

Hóngsè zuì hǎokàn .
红色最好看。

1

hǎokàn
好看

zuì hǎokàn
最好看

_____ 。

2

hǎokàn
好看

_____

_____ 。

3

_____

_____

_____ 。

4

_____

5

_____ 。

7. Look, write and say.

 ： Nǐ xǐhuan shénme yánsè ?
你喜欢什么颜色？

 ： Wǒ xǐhuan
我喜欢＿＿＿＿＿＿ 、＿＿＿＿＿＿、
＿＿＿＿＿＿、＿＿＿＿＿＿。

 ： Shénme yánsè zuì hǎokàn ?
什么颜色最好看？

 ： ＿＿＿＿＿＿＿＿＿ 。

 ： Nǐ xǐhuan shénme dòngwù ?
你喜欢什么动物？

 ： Wǒ xǐhuan
我喜欢 ＿＿＿＿＿＿ 、
＿＿＿＿＿＿ 、＿＿＿＿＿＿ 。

 ： Nǐ zuì xǐhuan shénme dòngwù ?
你最喜欢什么动物？

 ： Wǒ zuì xǐhuan
我最喜欢＿＿＿＿＿＿ 。

Zhè shì shéi de máoyī
这是谁的毛衣

1. Look and stick.

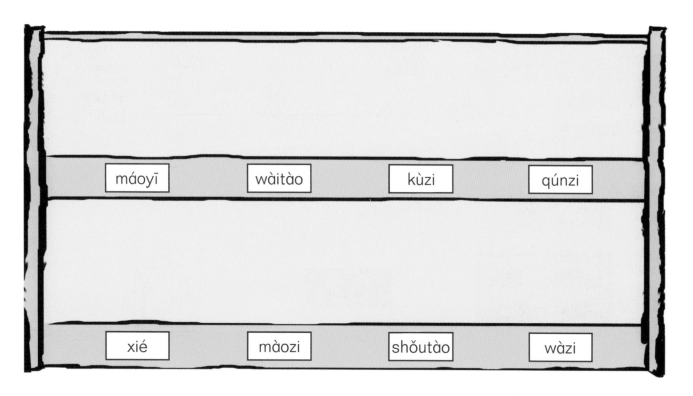

| máoyī | wàitào | kùzi | qúnzi |

| xié | màozi | shǒutào | wàzi |

2. Read, color, trace and write.

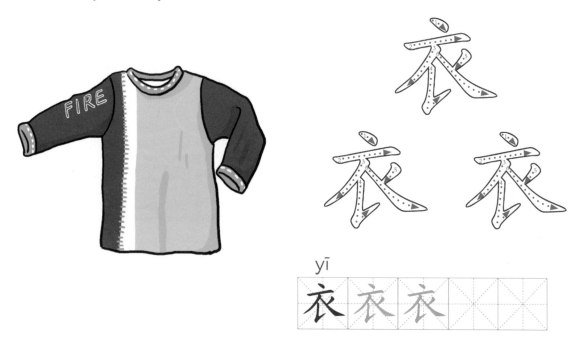

yī
衣 衣 衣

61

3. Listen, number the items, and color them. 🔘 12-1

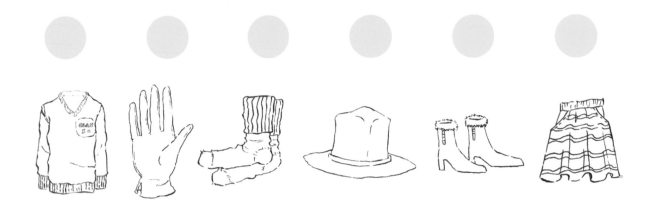

4. Match and read.

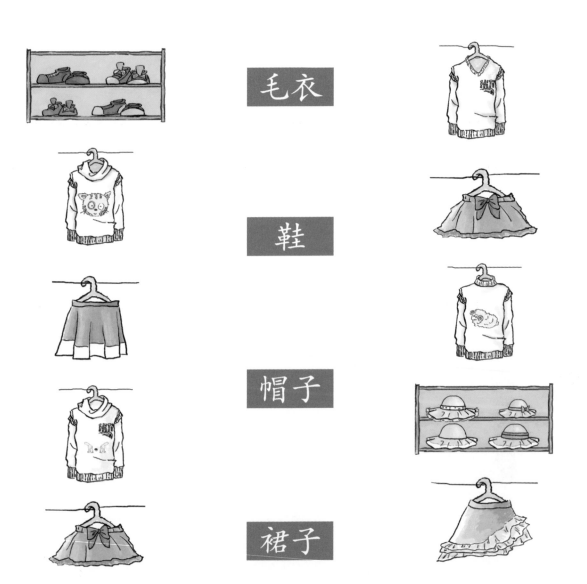

毛衣

鞋

帽子

裙子

5. Look and choose.

❶ A. 这是红色的手套。
Zhè shì hóngsè de shǒutào.

B. 这是白色的手套。
Zhè shì báisè de shǒutào.

❷ A. 这是绿色的毛衣。
Zhè shì lǜsè de máoyī.

B. 这是蓝色的毛衣。
Zhè shì lánsè de máoyī.

❸ A. 这是白色的裙子。
Zhè shì báisè de qúnzi.

B. 这是黄色的裙子。
Zhè shì huángsè de qúnzi.

❹ A. 这是蓝色的帽子。
Zhè shì lánsè de màozi.

B. 这是黑色的帽子。
Zhè shì hēisè de màozi.

UNIT 6 *COLORS AND CLOTHING*

6. Look and answer.

Zhè shì shéi de wàitào?
❶ 这是谁的外套?

Zhè shì Míngming de wàitào.
这是明明的外套。

Zhè shì shéi de màozi?
❷ 这是谁的帽子?

_____ 。

64

Zhè shì shéi de shǒutào?
❸ 这是谁的手套?

_____。

Zhè shì shéi de xié?
❹ 这是谁的鞋?

_____。

7. Draw and talk.

My Favorite Clothes
我最喜欢的衣服

8. Find the things they wear and write the words.

wǒ de màozi
我的 帽子

wǒ de
我的____

wǒ de
我的____

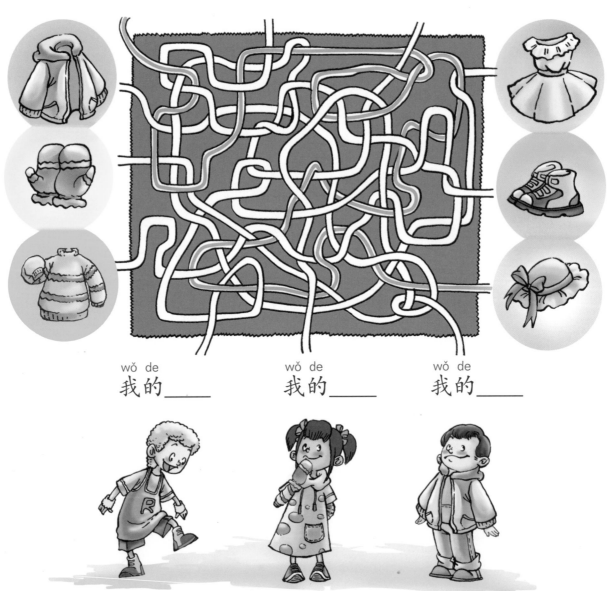

wǒ de
我的____

wǒ de
我的____

wǒ de
我的____

Lesson 1（3）

Lesson 1（4）

Lesson 2（6）

Lesson 3（2）

Lesson 5（2）

Lesson 5（6）

Lesson 7 （3）

Lesson 8 （6）

Lesson 9（6）

Lesson 10（2）

Lesson 10（5）

Lesson 12（1）